TABLEAUX

ANCIENS ET MODERNES

AQUARELLES ET SCULPTURES

Par Zacharie ASTRUC

SCULPTURES DIVERSES, MEUBLES, OBJETS D'ART

VENTE

HOTEL DROUOT, SALLE N° 8

Les Jeudi 11 et Vendredi 12 Avril 1878

A DEUX HEURES ET DEMIE

EXPOSITIONS

PARTICULIÈRE	PUBLIQUE
Le Mardi 9 avril.	Le Mercredi 10 avril.

M⁰ CHARLES PILLET	M. HARO
COMMISSAIRE-PRISEUR	PEINTRE-EXPERT
10, rue de la Grange-Batelière, 10	14, rue Visconti et rue Bonaparte, 20

1878

COLLECTION

DE

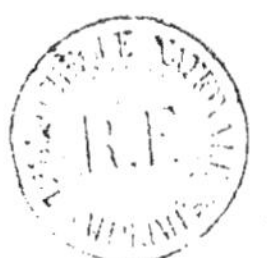

M. ZACHARIE ASTRUC

TABLEAUX

ANCIENS ET MODERNES

AQUARELLES ET SCULPTURES

Par Zacharie ASTRUC

SCULPTURES DIVERSES, MEUBLES, OBJETS D'ART

VENTE

HOTEL DROUOT, SALLE N° 8

Les Jeudi 11 et Vendredi 12 Avril 1878

A DEUX HEURES ET DEMIE

EXPOSITIONS

PARTICULIÈRE	PUBLIQUE
Le Mardi 9 avril.	Le Mercredi 10 avril.

Mᶜ CHARLES PILLET	M. HARO ❋
COMMISSAIRE-PRISEUR	PEINTRE-EXPERT
10, rue de la Grange-Batelière, 10	14, rue Visconti et rue Bonaparte, 20

1878

CE CATALOGUE SE DISTRIBUE

A PARIS

CHEZ

Mᵉ CHARLES PILLET	M. HARO ✳
Commissaire-priseur	Peintre-expert
10, rue de la Grange-Batelière, 10	14, rue Visconti et rue Bonaparte, 20

CONDITIONS DE LA VENTE

Elle sera faite au comptant.

Les adjudicataires payeront *cinq* pour *cent* en sus des enchères.

L'Exposition mettant le public à même de se rendre compte des objets ; il ne sera admis aucune réclamation, une fois l'adjudication prononcée.

Le Catalogue servira pour l'entrée à l'Exposition particulière.

En appelant *collection* l'éclectique et amusante réunion
de tableaux anciens et modernes, de sculptures et
d'objets d'art dont nous allons essayer d'esquisser une
rapide et brève analyse, peut-être bien que nous nous
servons d'un terme quelque peu ambitieux. *Galerie* eût
été, ce semble, plus séant, s'il se fût agi de la pro-
priété d'un de ces fortunés amateurs dont l'argent a
constitué le principal et souvent unique apport. Mais,
M. Z. Astruc n'est tout bonnement qu'un artiste, un
sculpteur de talent doublé d'un peintre; or, un artiste
vend son atelier, décoré de ses petites, mais souvent
heureuses trouvailles, et non son *cabinet*, encore moins
sa *galerie*. Scrupules philologiques à part, M. Z. Astruc
a mis dans ses choix quelque chose de plus que de l'argent; il y a mis de son temps, de ses peines, de ses
patientes recherches et, surtout, beaucoup de son goût.

Sans plus de formes, pénétrons donc chez lui et voyons
ce qu'il aura su recueillir.

Si M. Astruc a beaucoup voyagé, beaucoup cherché et
fureté par le monde, cela se devine du premier coup et
même rien qu'à voir cette diversité d'écoles dont les spécimens variés sollicitent tous à la fois, sinon une étude
attentive, approfondie, au moins quelque note caractéris-
tique.

Si M. Astruc a visité et fouillé la vieille Espagne, cela

encore saute tout de suite aux yeux. Où donc aurait-i
trouvé, ailleurs que sur leur terre natale, si libérale au-
trefois aux patients chercheurs, ces œuvres, non pas des
chefs-d'œuvre, entendons-nous bien, mais des œuvres
tout de même étonnantes des Goya, des Greco, des
Mazo et des Velazquez !

Où donc y a-t-il chance aujourd'hui, ailleurs qu'en
Espagne, de rencontrer un ouvrage aussi important que
l'est ce majestueux triptyque de Frans Floris, — une
œuvre capitale dans l'œuvre du maître, — dont le panneau central représente l'*Adoration des Mages*, et les
volets les *quatre Évangélistes*, et, surtout, ce mystérieux
et précieux tableau votif, allusif, sans doute aucun, à
l'heureux dénoûment, pour les Tudors, de la guerre des
Deux-Roses, avec ses quinze petits panneaux reproduisant
les scènes principales de la vie du Christ, quinze perles
sertissant un diamant, qui est, nous ne craignons pas d'y
insister, un monument du plus haut comme du plus
sérieux intérêt pour l'histoire de la primitive école flamande et des origines de l'art.

Sont-ils de Memling ces merveilleux panneaux ? Sont-
ils plutôt de quelque autre élève des van Eyck, ou bien de
ce Gérard David, de cet Hugo van der Goës, ou de ce
Stuerbout dont nous savons encore si peu de chose ?

Le temps, les documents, les éléments de comparaison
et d'étude, tout manque à notre critique pour résoudre
sur l'heure, avec preuves à l'appui, l'attirant problème
que posent ces délicates peintures, véritables miniatures
à l'huile, ingénieuses autant qu'ingénues, si exquises dans
leurs fins détails, toutes d'une simplicité d'inspiration et

d'une grâce d'exécution également charmantes et fortes.
Ah! cet art du quinzième siècle, que d'énigmes laborieu-
ses il présentera longtemps encore!

Mais, à quelque nom qu'on s'arrête dans la recherche
de l'attribution de ces précieuses peintures, il n'en demeure pas moins acquis que nous sommes en présence
d'une œuvre hors ligne, capitale, *historique au premier
chef*, et de tous points digne de prendre place dans la
plus noble collection ou dans le plus riche musée; et,
s'il en devait advenir, comme nous osons le souhaiter,
c'est dans un des nôtres, qu'elle ne tarderait guère à
trouver cette place. Croyez, au surplus, que plus d'un
de ces petits panneaux où se déroule avec tant de naïveté
et de grandeur quelque épisode de la vie du Christ, n'y
ferait point trop insuffisante figure.

Mais, ces choses dites à propos de véritables morceaux
de roi, revenons à de plus modestes. Les Espagnols, un
moment évoqués, nous réclament.

Une esquisse de *Velazquez* est toujours une chose rare
à signaler et la *Procession* des moines hyéronimites,
portant en pompe la statue de la Vierge, toute raide de
galons et de parures et triplement nimbée de cercles de
clinquant, d'argent et d'or, sous le jour mystérieux des
nefs d'une vaste église, nous paraît un morceau de très-
haute saveur. Ce n'est cependant qu'une ébauche, à peine
indiquée en ses parties essentielles, mais quelle tournure,
quel caractère cela vous a tout de même! Ces esquisses
des maîtres ont ce particulier intérêt de nous initier à
leurs préparations, à leurs méthodes; c'est comme une
leçon pratique. Aussi comme les artistes les recherchent,

et qu'à bon-droit les fins connaissenrs se les dis-
putent!

Après Velazquez, voici un portrait peint par son gen-
dre, Mazo Martinez, un portrait d'*apothicaire!* Quelle
fierté, quel port, quel geste superbes! Non, jamais,
M. Fleurant lui-même n'a brandi avec autant de dignité
son insinuant instrument sous les yeux du bonhomme
Argan. « De quoi vous mêlez-vous, — semble aussi crier
« le colérique *boticario*, — de vous opposer aux ordon-
« nances de la médecine, et d'empêcher monsieur de
« prendre mon clystère? Vous êtes bien plaisant d'avoir
« cette hardiesse-là! » Quel contraste avec cet amusant
portrait présente cette terrible effigie de *Saint François
d'Assise* du *Greco*; rien de plus sévère, de plus réaliste et
en même temps de plus ascétique que cette superbe et
presque monochrome peinture; Zurbaran n'a pas fait de
moine plus repentant, plus extatique, plus desséché par
les jeûnes, les macérations et la prière que ne l'est ce
Saint François, abîmé dans sa vision divine; et c'est bien
toute la mystique et farouche école espagnole que représente et résume cette page austère.

De ce même *Greco*, de ce mystérieux peintre, venu de
Venise à Tolède, nous rencontrons encore une très-
curieuse toile : cette fois, c'est presque un tableau de
genre. Ici, l'artiste a mis en action le dicton proverbial
espagnol : *El hombre es de fuego, la muger estopa, y el
diablo sopla.* L'homme est de feu, la femme est d'étoupe,
et le diable souffle. » La scène est amusante, malicieuse,
et, d'ailleurs, fort bien peinte dans cette tonalité frugale
qu'affectionne *Dominico Théotocopuli*.

Un *portrait* par *Goya*, peut-être celui de sa propre
fille, car elle a terriblement de ses traits cette fillette-là,
est toujours un joli régal pour les yeux. Regardez bien ces
gris si fins, si transparents, et ces chairs rosées et vivantes : c'est tout bonnement du Velazquez, interprété par
Goya.

Maintenant, repassons, s'il vous plaît, les Pyrénées et
donnons notre attention à quelques tableaux de l'*Ecole
française*.

De *J.-B. Oudry*, voici une *Nature morte* — un gigot,
avec une bouteille, une carafe, une perdrix et des citrons
posés sur un plat de Chine, — que nous n'hésitons pas à
proclamer une merveille. En aucun temps, Chardin n'a
rien peint de plus blond, de plus harmonieux que ce morceau insigne. Nous savions Oudry un beau peintre, mais
pas jusqu'à ce degré-là.

Après cet Oudry, d'une qualité véritablement inouïe,
je ne vois guère, pouvant souffrir ce redoutable voisi-
nage, que cette vive et frémissante ébauche de Fragonard, une *Vénus* qui se vêt d'un fin nuage de gaze et
que parent des culs nus d'Amours aux chairs nacrées et
fouettées de rose. On m'assure que cette pimpante et
savoureuse esquisse, un vrai bouquet, viendrait de la collection Marcille, et je n'ai pas de peine à le croire. Thoré,
au surplus, en a fait l'éloge lorsqu'elle apparut à l'exposition des maîtres de l'Ecole française en 1865, au boule-
vard des Italiens; la *Vénus* de Fragonard peut bien,
après cela, se passer de nos écritures.

De l'École française moderne, nous avons à noter quelques très-intéressantes études plus ou moins avancées et

terminées. Marilhat a peint cette étude de châtaignier ; Rousseau, cette branche morte de chêne que recouvrent, sous leur envahissante végétation, des touffes d'aches et de mille-feuilles aussi patiemment étudiées que l'eût pu faire le plus patient des Flamands. Troyon, lui aussi, apporte une puissante étude de chêne, au tronc écaillé d'argent, se dressant droit, robuste, dans une éclaircie de forêt, que l'automne dore déjà de ses tons bruns-roux si chauds.

Voici un *Diaz* de 1835, un Diaz encore bien jeune et inexpérient, vous voyez. Mais aussi quelle couleur tapageuse, quelle surabondance de vie, quelles hardiesses, et que de soleil ! C'est bien là une fête de la jeunesse et du printemps que ce joyeux *Repas d'artistes*, et cela a dû se passer ainsi, tout comme Diaz le raconte, quelque part, dans quelque île fortunée de la Seine, sous le grand ciel bleu, à l'ombre des arbres tout verdissants, et dans la belle herbe verte. Ah ! la folle jeunesse, et comme on aimait dans ce bienheureux temps-là ! Ce Diaz, affolé et affolant, aura du succès.

J'ai à parler, et j'aurais dû le faire plus tôt, de quelques études très-poussées de *Géricault* ; cette nef d'église gothique, aux délicats arceaux, transformée en *Ecurie*, est une excellente occasion pour le peintre de mettre là dedans une solide jument normande que soigne un roulier en blouse bleue, finement lisérée de rouge. Très-robuste, ce curieux morceau qu'il convient de comparer avec ce cellier, ce *Fournil*, également attribué à Géricault, où un vieux Normand prépare, dans un plat émaillé de vert, nous ne savons quelle mixture liquide, dont un gamin suit les apprêts avec la curiosité d'un chimiste en herbe. Une lumière superbe et franche, tirée d'une cour à droite, pénètre par une fenêtre à châssis à guillotine et par une porte grande ouverte, en frappant d'un éclat singulièrement large et vif divers plans de cette haute pièce, aux solives saillantes, carrelée de carreaux gris, qui paraît être quelque laboratoire de distillation domestique. Il y a du Peeter de Hooch dans cette lumineuse peinture.

Impossible de séparer Géricault de *Bonington*, liés d'une si étroite amitié et que réunit leur commun amour de la couleur. *Bonington* a donné dans cette argentine et tendre esquisse d'un *Coin de parc* un échantillon admirable de sa distinction, de son délicat et fin sentiment d'interprétation de la nature. Ah ! que c'est bien là cette peinture initiatrice d'où est sortie toute notre vaillante école paysagiste, et que nous devons donc de gratitude à ce jeune Anglais pour nous avoir révélé l'école anglaise.

Précisément, ces Anglais, ces maîtres de la première heure pour nos paysagistes, sont là présents. Le catalogue cite Constable et Reynolds, et c'est à bon droit.

J'aperçois de Constable une vue d'un *Moulin*, avec sa vieille roue moussue tournant sur son lourd essieu de bois et laissant échapper de ses vannes, toutes fleuries d'herbes humides, un joli filet d'eau, qui bouillonne bondit, saute, par dessus les pierres, et s'épanche en une belle nappe, claire à se mirer. Rien ne m'a jamais tant fait penser à Corot que la vue de ce moulin, tapi sous sa frondaison d'arbres, d'un vert si tendre, si frais. Bien sûr, Corot aurait aimé cette étude de Constable.

Que dire de ce petit joyau, tout juste grand comme les deux mains, émaillé de tons d'or et vert tendre du plus délicat émail, et qui représente, dans son petit cadre, le plus vaste des panoramas? *Une mare*, où boivent des vaches, occupe le premier plan. Des collines l'encadrent, sur celle de droite on voit une maisonnette au toit rouge ; puis sautant par-dessus tout cela l'œil embrasse au fond des étendues, des horizons immenses. Un ciel superbe, un ciel dramatique, tout chargé d'orage, roule, entassées comme des montagnes de lourdes nuées grises. Que c'est beau ce petit cadre qui vraiment contient Constable tout entier, avec son exécution la plus soignée en même temps que la plus expressive et la plus vibrante.

Saviez-vous que *Reynolds* se fût appliqué à cette curieuse étude de pasticher parfois Rembrandt? Ce n'est pas seulement ici et pour la première fois que nous nous rencontrons avec l'une de ces étranges tentatives du maître anglais cherchant à s'assimiler dans ses dehors les plus saisissants, dans son caractère, dans son choix de coloration, les qualités si magistrales et si originales de Rembrandt. Nous connaissons déjà plus d'un de ces essais, mais nous n'en savons pas de plus instructif et de plus intéressant que ce tableau de la *Coupe de Benjamin*, où le goût, l'accent propre et le caractère de Reynolds s'amalgament, ou mieux tentent de s'amalgamer avec les allures et la facture rembranesques.

Très-curieuse note que ce tableau, qui serait toute une énigme si nous n'en révélions le mot.

Il ne nous reste guère à présent qu'à jeter au hasard et sans ordre arrêté un rapide coup d'œil sur les quelques spécimens des écoles hollandaise et flamande dont M. Astruc est devenu, de recherches en trouvailles, l'heureux possesseur.

Voici de *Schalcken* un de ses meilleurs effets de lumière artificielle, aussi finement blond et délicat que le plus fin Miéris.

On attribue à *Adrien Ostade* cette *Querelle de paysans* dans un cabaret, et nous avons, de Miéris lui-même, une curieuse préparation de tableau : *Céphale et Procris*, dont les fonds et le paysage sont terminés alors que le groupe principal n'est encore qu'indiqué au bistre.

Il y a aussi des paysages de *Breughel de Velours*, de *Paul Bril*, une *Tentation* de *Teniers*, des intérieurs de *Rickaert*, de *Brekelenkamp*, une délicieuse *Ecole* de *Dusart*, et bien d'autres encore qui solliciteraient une note si nous n'avions hâte d'en arriver aux plus fins morceaux.

Voyons plutôt cet excellent paysage de van Goyen, signé V. G. et daté de 1634. Une colline monte à droite, de beaux arbres la couronnent et s'étendent au loin. Un chemin s'y dessine que suivent deux petites figures de paysans. Le premier plan très-fermement peint, est couvert d'arbres et d'arbustes : par delà brusquement le terrain se déprime laissant voir dans une vallée profonde, des prés, des polders encore recouverts par les eaux. Un ciel très-haut, trés-aérien, éclaire ce délicieux paysage qui tiendrait dans la main, et qui donne cependant la plus étonnante sensation de l'étendue.

Pour le coup, nous tenons un oiseau bleu : regardez bien ce charmant et coquet intérieur aux localités d'un

si joli gris olivâtre, où deux couples amoureux ne semblent pas trouver le temps une chose trop ennuyeuse.
Quelle jolie paire que ce cavalier portant moustache et
royale à la d'Effiat, avec son pourpoint vert-gris, son
large col de riches dentelles, son feutre gris qu'ombrage
une longue plume blanche, honnêtement posé sur son
genou, et que cette belle dame, coiffée à la Sévigné,
vêtue d'une robe de soie noire aux manches bouffantes
de taffetas rose, s'enlevant sur une jupe de dessous
d'un si beau rouge profond. Mais, bon Dieu! que cet
autre couple du second plan est vif d'allures! et que
celui-là, pendant qu'on en est encore ici aux préliminaires,
a donc su avancer les choses. Ah! le gai et fin tableau
et comme sans hésiter on le donnerait à Palamède ou
bien à Dirk Hals! Prenez garde, il y a une délicieuse et
mignonne signature là-bas dans le fond, près de la cheminée : une signature qui est toute une révélation et
qu'accompagne une date : *Laurence Neter. A° 1634.*

Inutile de vous dire que je ne sais absolument rien de
cet aimable peintre et que les bons auteurs sont restés
totalement sourds à mes interrogations pressantes. Je
sais plus d'un fin connaisseur qui désirera ce joli morceau d'un spirituel inconnu, odieusement dépouillé,
peut-être, de plus d'une autre œuvre également char-
mante, et tout cela pour le plus grand profit de quelque
démarqueur de tableaux sans conscience.

Je tiens à vous signaler dans l'école hollandaise le
gracieux portrait en pied d'une petite fille, tenant fière-
ment sur son doigt son chardonneret apprivoisé. L'enfant
a de quatre à cinq ans, elle est blonde et ses cheveux

s'échappent librement de dessous son petit béguin blanc,
bordé d'une fine dentelle. La figure est pleine, rebondie
même. La bouche mignonne, très-vivante, sourit délicatement. Elle a des yeux doux, très-parlants. Son costume
est à la fois riche et simple : elle porte un grand col, un
long tablier blanc à bavette montante, recouvrant une robe
de velours tanné, aux reflets presque mordorés, avec un
joli nœud de velours pareil attaché au-dessous de l'épaule
gauche. Ce portrait d'enfant est une chose délicieuse et
séduisante au possible; on le donne à *Albert Cuyp* et
pour ma part je ne saurais y contredire : il est, certes,
d'un bien beau peintre.

Mais, avant de clore cette interminable visite, il nous
faut encore regarder de *Jan Steen* cette honnête scène de
famille appelée, je crois, la *Nuit de Noël*. Près d'un beau
feu, dans une salle basse, la mère fait des beignets que
trois petits enfants mangent à belles dents. Le père
allume sa pipe. Deux servantes s'occupent au second plan
à diverses besognes. Par une porte ouverte sur le dehors,
la lune glisse dans ce paisible intérieur un œil curieux.
Plus curieuse encore est une petite fillette qui franchit le
seuil, attirée sans doute par la bonne odeur des *koeken*.
Un jeune garçon, portant un fallot allumé, s'approche
honnêtement et vient, lui aussi, réclamer sa part du
régal. C'est là tout le tableau, une belle et bonne œuvre,
d'une facture large et franche et d'une harmonie à la
fois sévère et puissante, maintenue qu'elle est dans une
gamme savamment apaisée. Si ce n'est plus ici au Jan
Steen des *musicos* et des débauches de cabaret que nous
avons affaire, le nôtre n'en vaut que mieux : il est intime,

patriarcal, doucement ému, et il prouve, d'un même coup, qu'il sait donner à toutes les joies honnêtes l'expression qui leur convient, une expression assagie, tranquille, mais tout de même des plus plaisantes et des plus mâles.

Bien d'autres toiles encore de cette intéressante collection appelleraient une mention ou quelque courte analyse.

Mais, limité que nous sommes, il nous faut borner ici ces notes forcément rapides et sommaires.

Il nous reste d'ailleurs à dire un mot de quelques ouvrages de sculpture qui font partie des plus belles choses recueillies en Espagne par M. Astruc.

Un *Christ en croix*, terre cuite coloriée, *estofada*, comme on dit en Espagne, est d'une distinction de formes, d'une délicatesse de modelé et d'une grandeur d'expression qui permettent, sans hésiter, de regarder *Alonso Cano* comme l'auteur de ce pénétrant ouvrage. Nous hésitons bien moins encore à reconnaître la même main d'artiste dans ce superbe *Saint Jérôme* méditant et se frappant la poitrine d'un caillou. C'est certainement là une des plus belles terres cuites coloriées du maître; vérité des formes, puissance d'exécution et sentiment dans l'expression générale, tout est admirable en ce superbe spécimen de l'art statuaire polychrome espagnol que Montanes à Séville, et Alonso Cano à Tolède et à Madrid, ont élevé si haut au dix-septième siècle.

Paul Lefort.

TABLEAUX

TABLEAUX

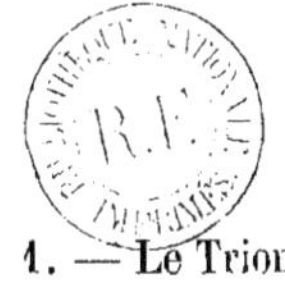

MEMLING (Hans).

?

1. — Le Triomphe de la Rose rouge.

Histoire de la réconciliation des maisons de Lancastre et d'York, avec l'assistance de la Vierge, dont quinze panneaux racontent la vie, joies et douleurs. Le seizième panneau central donne la note d'histoire ; il est comme un poëme d'actions de grâces, pour une victoire définitive et pacifique des Lancastre : *le triomphe de la Rose rouge.*

Énumérons d'abord la vie de la Vierge :

1° — Annonciation.
2° — Visite de la Vierge à sainte Élisabeth.
3° — Jésus dans sa crèche, adoré par les anges.
4° — Jésus présenté au Temple.
5° — Jésus au milieu des docteurs.
6° — Jésus au jardin des Oliviers.
7° — Jésus attaché à la colonne et flagellé.
8° — Jésus bafoué, appelé dérisoirement *roi des Juifs.*
9° — Jésus succombant sous la croix.
10° — Jésus en croix ; au pied de la croix, la Vierge et saint Jean.
11° — Jésus sortant du tombeau.
12° — Jésus montant au ciel.
13° — La Vierge au milieu des disciples recevant l'inspiration du Saint-Esprit.
14° — Mort de la Vierge.
15° — La Vierge couronnée par la Trinité.

L'histoire de la Vierge se trouve ainsi complète.

Le grand panneau central est, nous l'avons dit, allusif à la division des deux maisons d'York et de Lancastre et de la guerre des Deux Roses. Le seigneur agenouillé doit être Henri VII Tudor, proclamé roi en 1485, qui se rattachait aux Lancastre par les femmes. Il épousa l'héritière de la maison d'York ; ce mariage mit fin aux divisions. Une branche des Lancastre avait pour chef Jean de Gand, pour lequel le comté fut érigé en duché, et comté palatin ou souveraineté indépendante sous Edouard III, père de Jean. La Vierge est debout, couronnée.

La *Rose rouge* et la *Rose blanche*, disposées en guirlande, lui composent une manière de portique. L'enfant Jésus semble élire la *Rose rouge*, emblème de la maison des Lancastre, en posant sa main dessus. La main droite bénit Henri agenouillé. Derrière Henri, dans l'attitude des partis en guerre, sont des chevaliers, l'un agresseur, et les autres défenseurs. C'est une allusion au passé ; la guerre vient de finir. La Vierge, que l'on a sans doute implorée, préside à cette paix réalisée par son intercession. A sa droite, s'agenouillent les plus grands potentats du siècle :

Saint Dominique personnifiant la foi ;

Le pape Alexandre VI ;

L'empereur Frédéric III, père de Maximilien, aïeul de Charles-Quint, dernier empereur couronné à Rome (remarquer la couronne impériale et romaine du personnage);

Et enfin, Ferdinand V, dit le roi catholique, introducteur en Castille de cette même Inquisition représentée par saint Dominique.

L'acte du chevalier qui menace Henri de son poignard et lui présente en même temps le rameau de *Roses blanches*, emblème de la maison d'York, confirme et caractérise la donnée historique de ce merveilleux et précieux ouvrage.

Dans le fond, un paysage : églises, et maisons gothiques.

BALEN (Van) et Paul BRIL.

2. — Sujet mythologique.

Apollon vient de blesser un cerf ; ému, il lui rend la vie.

Bois. — Hauteur, 44 cent. — Longueur, 60 cent.

BOILLY (Louis-Léopold).

3. — Portrait du peintre.

Tête claire et fine. Les yeux observent et pensent. Longue chevelure couvrant à moitié le front, menton enfermé dans une ample cravate blanche. La main gauche tient un crayon, elle est ramenée sur la poitrine. Boilly est vêtu de son habituelle redingote verte à collet de velours.

Fond gris d'appartement.

Bois. — Hauteur, 34 cent. — Longueur, 24 cent.

BONINGTON (Richard-Parkes).

4. — Le Parc.

Au premier plan, des troncs de bouleaux. Dans le fond, de grands arbres aux verts feuillages, sur un ciel clair, gris, teinté de bleu pâle. Fond de campagne. Deux petites figures se reposent sur l'herbe ; l'une d'elles tient une ombrelle blanche.

Toile. — Hauteur, 37 cent. — Longueur, 35 cent.

BOUCHER (François).

?

5. — Les Travaux de la Ferme.

Une jeune ménagère en court jupon, sa robe bleue retroussée, se penche auprès d'une fontaine en cuivre et lave des légumes. Deux marmots jouent dans un coin. Un vieillard coiffé d'un bonnet rouge, roule une brouette chargée. Corbeilles, terrines, paniers, volailles pendues, fruits et légumes, objets de toutes sortes encombrent cette rustique demeure. Signé sur une ardoise.

Toile. — Hauteur, 46 cent. — Longueur, 74 cent.

BOUCHER (François).

?

6. — La Rentrée du Troupeau.

Mêmes personnages, un valet en plus, petit bonhomme en jaquette
rose, qui ouvre toutes grandes les portes de la ferme et laisse entrer le
troupeau. La nuit va venir. C'est la fin d'une belle journée. La fermière
trait la chèvre; les enfants jouent. Le vieillard apporte l'avoine à l'âne
qui est attaché au râtelier.

Toile. — Hauteur, 46 cent. — Longueur, 74 cent.

BREKELENKAMP.

7. — Coin de Marché.

Etal de vieille marchande devant la porte de sa maison, sous l'auvent,
des bottes d'oignons, de carottes. En ce moment, la matrone discute
avec une servante en cornette blanche, au corsage écarlate sur une jupe
bleue brodée par le bas. Un garçon sourit en emportant un pot de ver-
dure. Dans le fond, une vieille maison parée de vigne, une église,
de vieux murs percés d'une porte sous laquelle passent deux petits
personnages. Quelques détails: une fontaine de forme curieuse une
brouette, des bancs. Monogramme à demi-effacé sur le puits.

Bois. — Hauteur, 49 cent. — Longueur, 64 cent.

BRUEGHEL (dit de Velours).

et BALEN (Van Henri).

8. — Les Merveilles de la Terre.

Un jardin ravissant; château au lointain. Sur le premier plan, une
Flore, un berger, des Amours, etc.

Cuivre. — Hauteur, 66 cent. — Longueur, 91 cent.

CANO (Alonso).

9. — Saint-Ignace de Loyola écrivant sa doctrine.

Il est assis sur un escabeau, devant une table drapée de vert sur laquelle sont posés un livre et son bonnet. Le pied gauche s'appuie sur la boule du monde, emblème de la future puissance. De la main gauche, il ouvre un livre à pages blanches; la main droite soulevée tient la plume.

Cuivre. — Hauteur, 28 cent. — Longueur, 28 cent.

CHARDIN (Jean-Baptiste-Siméon).

10. — Portrait de Mme Siméon Chardin. (?)

Vue de trois quarts. Coiffée d'un bonnet tuyauté garni de rubans roses. Au cou un rang de perles, une guimpe, un nœud de rubans.

Toile. — Hauteur, 46 cent. — Longueur, 36 cent.

CONSTABLE (John).

11. — Lisière de forêt.

Saison d'automne. Un chemin éclairé des rayons du soleil au milieu de plaines dorées. Ciel gris.

Toile. — Hauteur, 21 cent. — Longueur, 25 cent.

CONSTABLE (John).

12. — Le Moulin.

Des moulins, des usines, sous de verts ombrages. Des roues tournent, des eaux bouillonnent et se jouent à travers des broussailles. Au premier plan, la rivière passe et se heurte contre un barrage.

Toile. — Hauteur, 32 cent. — Longueur, 51 cent.

CONSTABLE (John).

13. — Campagne anglaise.

Mare où vient s'abreuver un troupeau. Une côte surmontée d'une maisonnette. Broussailles à droite. Un clocher de village sur le fond de collines noyées dans une vapeur bleue. Ciel d'été orageux.

Bois. — Hauteur, 13 cent. — Longueur, 22 cent.

COROT.

14. — Portique romain.

Ruines de temple, avec des colonnes formant galerie. Porte ouverte sur un fond de collines.

Hauteur, 28 cent. — Longueur, 40 cent.

CUIJP (Aalbert).

15. — Dordrecht.

Le soir. — Des maisons bordent la rive du fleuve ; la vieille tour de l'église s'élève au-dessus, éclairée pâr les rayons du soleil couchant, bateaux au premier plan avec petites figures.

Signé : C. sur un bateau à voile blanche.

Bois. — Hauteur, 37 cent. — Longueur, 48 cent.

CUIJP (Aalbert.

?

16. — Petite fille au chardonneret.

Enfant blonde, aux joues roses, aux yeux noirs. Elle est coiffée d'un béguin blanc. Sous son tablier garni de dentelles, elle porte une robe de velours mordoré. Nœud de ruban à l'épaule. De la main gauche, elle retient un fil qui attache l'oiseau posé sur sa main droite.

Toile. — Hauteur, 107 cent. —Longueur, 82 cent.

?

17. — Portrait de M. Bruyas.

Assis dans un fauteuil garni d'étoffe rouge, il est vu de profil, tenan un livre ouvert.

Toile. — Hauteur, 29 cent. — Longueur, 26 cent.

DIAZ (Narcisse).

18. — Diaz, avec ses amis, porte un toast à la jeunesse.

Signé et daté.

Toile. — Hauteur, 51 cent. — Longueur, 62 cent..

DIEPENBEECK (Abraham Van).

19. — La divine Bergère.

Bois. — Hauteur 24 cent. 1/2. — Longueur, 35 cent. 1/2.

DUSART (Cornélis).

20. — L'École.

Bois. — Hauteur, 22 cent. — Longueur, 27 cent.

FRAGONARD (Honoré).

21. — La Madeleine en méditation.

La Madeleine assise au bord d'un ruisseau situé sous de grands arbres, vient de feuilleter un livre et semble absorbée par ses pensées.

Toile. — Hauteur, 164 cent. — Longueur, 121 cent.

FRAGONARD (Honoré).

22. — Le Prédicateur villageois.

Toile. — Hauteur, 26 cent. — Longueur, 36 cent.

FRAGONARD (Honoré).

23. — Portrait de l'artiste.

Toile. — Hauteur, 66 cent. — Longueur, 55 cent.

FRAGONARD (Honoré).

24. — La toilette de Vénus.

A propos de l'*Exposition de tableaux de l'Ecole française*, tirés de diverses galeries, voici la description de W. Burger. Il suffit de la citer pour donner à l œuvre son importance :

« Le voici, tout rubenesque de couleur et presque Florentin de tournure dans sa Vénus. Cette figure de femme est du plus beau jet de dessin, de la tête aux pieds. Ses formes allongées et élégantes, correctes de contour, distinguées aux extrémités, ont vraiment quelque chose du style des maîtres de Florence... Le charme de ce tableau est justement dans le contraste de tons fleuris et vaporeux avec une certaine grandeur inusitée chez les *Pompadouriers*. »

Toile. — Hauteur, 72 cent. — Longueur, 52 cent.

FRAGONARD (Honoré).

25. — Le Berger musicien. — Soir d'automne.

Toilé. — Hauteur, 104 cent. — Longueur, 90 cent.

FRAGONARD (Honoré).

26. — Cavaliers dans une forêt.

Toile. — Hauteur, 87 cent. — Longueur, 70 cent.

FRANS FLORIS.

(Ecole flamande.)

27. — L'Adoration des rois. — Les Évangélistes. — Triptyque.

Sur le panneau central, l'*Adoration des rois*. La vierge est assise, vêtue d'une robe cerise, drapée d'un manteau bleu. Un voile blanc couvre sa tête et sa poitrine. Marie tient l'Enfant-Jésus sur ses genoux, avec les plus gracieux mouvements de main ; un vieux roi à barbe grise, vêtue d'une robe verte brodée d'or par le bas, joint ses mains et adore l'enfant qui lui sourit. Deux petits pages blonds, les bras nus, chaussés de cothurnes, tenant en laisse un petit singe, portent et relèvent le bas de son manteau mauve. Derrière la Vierge, saint Joseph, accoudé sur une balustrade, contemple le groupe divin. Sur la gauche, un roi nègre debout, vu de profil, offre une coupe

renfermant des parfums. Les suivants sont près de lui, l'un d'eux
couronné de plumes rouges. Les têtes noires ont le plus grand accent
de vérité. A peu près au centre, le troisième roi, tourné vers le specta·
teur, vêtu également à la romaine, prend une coupe d'or que lui tend
un jeune homme. Derrière ces groupes principaux sont d'autres types :
soldats, seigneurs, curieux, l'un d'eux, au crâne chauve, habillé
d'une casaque rouge fait songer au chanoine Pala de van Eyck. A
l'extrême droite, le peintre lui-même se montre de profil, d'après
une tradition accréditée. Le fond, à droite, est occupé par un paysage
aux formes abruptes, collines élevées que couronnent des monuments
anciens. Sur les pentes circulent les nombreux serviteurs des monar-
ques.

Sur le panneau de droite saint Jean et saint Mathieu.

Sur le panneau de gauche saint Luc et saint Marc.

Premier volet.

Saint Jean semble rêver à ce qu'il va tracer.

L'aigle symbolique, les ailes ouvertes, doit faire comprendre que la
pensée de l'apôtre va s'élever et planer aussi. Mathieu ouvre de grandes tablettes et médite sur ce qu'il vient d'écrire. Il a une toque, la
robe échancrée au cou à la mode romaine. Il est assis sur le bœuf.
Des livres s'empilent à terre et une table est dressée devant les évangélistes dont les attitudes rappellent les grandioses figures de Michel-
Ange et la forme solide d'Holbein.

Deuxième volet.

Saint Marc, assis, drapé dans un beau vêtement jaune et rouge, la
tête tournée de profil, la barbe légèrement blanchie, écrit avec une
grande attention.

Derrière lui, un ange aux traits féminins, les ailes déployées, paraît
tracer du doigt ce que Marc doit écrire.

Une table est posée devant saint Luc dont on ne voit que le buste.

C'est un vieillard à barbe blanche coiffé à la Michel-Ange. Il médite; il va écrire. Le lion de Marc est couché sous cette table ornée d'une simple décoration grecque.

Signé au centre.

Bois. — Hauteur, 238 cent. — Longueur, 222 cent.

Sur les côtés :

Hauteur, 220 cent. — Longueur, 115 cent.

FRANCK (F.).

28. — Baptême du Christ.

Jésus entré dans le Jourdain, s'incline devant saint Jean qui répand sur sa tête l'eau du baptême. Groupe d'anges derrière le Précurseur; et personnages à gauche.

Cuivre. — Hauteur, 23 cent. — Longueur, 19 cent.

GÉRICAULT (Th.).

29. — Écurie dans l'Église de Saint-Nicolas.

Au milieu de colonnes et de massifs piliers, un roulier en blouse bleue donne l'avoine à ses chevaux. A droite, un voiturier balaie le pavé. Vaste mangeoire que surmonte une lanterne. Intérieur rempli d'accessoires et de curieux détails. Une lithographie de Géricault reproduit la même église en date de 1823.

Signé à droite.

Bois. — Hauteur, 27 cent. — Longueur, 37. cent.

GÉRICAULT (Th.).

30. — Le Cellier normand.

Toile. — Hauteur, 55 cent. — Longueur, 65 cent.

GÉRICAULT (Th.) (attribué à).

31. — Cheval au râtelier.

Signé à droite.

Toile. — Hauteur, 22 cent. — Longueur, 29 cent.

GOYA (Francisco).

32. — Enfants jouant au moine.

Ils sont à la porte d'une demeure seigneuriale. L'un d'eux tend son chapeau. Ses camarades tonsurés attendent l'aumône, armés du roseau qui sert à atteindre les étages supérieurs. Beaucoup se font la courte échelle pour arriver à quelque terrasse. Le fond a de vagues ressemblances avec le propre Palacio Real de Madrid. Satire dirigée contre les ordres mendiants.

Toile. — Hauteur, 31 cent. — Longueur, 45 cent. 1/2

GOYA (Francisco).

33. — Enfants jouant au soldat.

Satire dirigée contre les abus guerriers de l'époque.

Toile. — Hauteur, 31 cent. — Longueur, 45 cent. 1/2.

GOYA (Francisco).

34. — Petite fille de l'auteur.

Vêtue de blanc. L'avant-bras nu relève son tablier rempli de fleurs.
Ruban rose au cou soutenant une croix d'or. Ruban rose nouant les
cheveux. Visage d'une fraîcheur exquise. Les yeux noirs, étincelants,
paraissent sourire.

Toile. — Hauteur, 57 cent. — Longueur, 38 cent

GOYA (Francisco).

35. — Nature morte.

Dorades empilées sur une table couverte d'un tapis vert.

Signé sur le tapis.

Toile. — Hauteur, 42 cent. — Longueur, 61 cent.

GOYEN (Van).

36. — Vue prise en Hollande, aux environs de Zaar-
dam.

Entrée de village. Une côte ombragée, des terrains bas sur la droite,
et quelques maisonnettes. Au milieu, des prairies divisées par des irri-
gations.

Bois. — Hauteur, 34 cent. — Longueur, 54 cent.

GOYEN (Van).

37. — Paysage.

Des collines dominent une prairie; des arbres dénudés et des arbustes silhouettés sur le ciel sont agités par le vent. Deux personnages traversent la plaine.

Un oiseau plane dans un ciel nuageux.

Signé et daté 1676.

Bois. — Hauteur, 16 cent. — Longueur, 33 cent.

GRECO (Domenico Theotocopuli).

38. — Proverbe espagnol. Le Rieur.

L'homme est de feu,
La femme d'étoupe,
Et le diable souffle.

Les trois personnages, acteurs dans cette scène fantastique, sont vus à mi-corps. L'homme est de profil; il rit. La femme souffle sur des étoupes pour les enflammer, et le diable, sous la forme d'un gros singe, souffle aussi.

Toile. — Hauteur, 57 cent. — Longueur, 70 cent.

GRECO (Domenico Theotocopuli).

39. — La Vierge et l'Enfant-Jésus

La Vierge, assise près de son fils, joint les mains et l'adore. Cadre en forme de portique.

Cuivre. — Hauteur, 12 cent. — Longueur 13 cent.

GRECO (Domenico Theotocopuli).

40. — Adoration des Bergers.

Groupe de pasteurs entourant l'Enfant-Jésus. La Vierge veille sur l'enfant et prie. Dans le lointain, d'autres pasteurs. Des anges, groupés, radieux, s'enlèvent en lumière sur le ciel.

Cuivre. — Hauteur, 23 cent. — Longueur, 21 cent.

GRECO (Domenico Theotocopuli).

41. — Saint François d'Assise recevant les stigmates.

Le saint est en extase — une main tendue, l'autre ramenée sur la poitrine. Il lève les yeux au ciel; son geste supplie. Il attend Jésus. Un ascétisme farouche se peint sur son visage. Le Christ vient d'apparaître dans les nuées. Superbe qualité du maître.

Signé à droite.

Toile. — Hauteur, 108 cent. — Longueur, 78 cent. 1/2.

GREUZE (Jean-Baptiste).

?

42. Portrait présumé de Piron.

Vu de face, assis dans un fauteuil, les jambes croisées ; entr'ouvant un livre d'une main et de l'autre jouant avec une tabatière. Il regarde devant lui. Ses yeux noirs sont pleins d'expression.

Ce portrait a été aussi attribué à Drouais; nous croyons plutôt qu'il a été peint par Chéry.

Toile. — Hauteur, 125 cent. — Longueur, 98 cent.

GUARDI (François).

43. — Le Musée d'antiquités.

Des personnages vêtus à la vénitienne — deux en noir, le troisième drapé de rouge, errent dans une salle de palais ou de musée, à travers des sculptures.

Toile. — Hauteur, 41 cent. — Longueur, 56 cent.

HALS (Frans).

?

44. —Portrait de l'historien Pieter Bor Christiaanszoon.

Il fut l'ami de Hals. Dans son livre sur les musées de Hollande, publié en 1860, W. Burger a signalé un *ovale* au musée de Rotterdam, délicieux portrait du vieil historien. Il tenait une plume ; il écrivait. Ce portrait périt en 1864 dans l'incendie partiel du musée. L'actuel, peint sur cuivre, est différent par l'attitude et les accessoires.

Signé.

Cuivre. — Hauteur, 25 cent. — Longueur, 23 cent.

HEEMSKERK (Egbert van) le Jeune.

45. — Préparatifs d'un jugement dans une salle de justice.

Toile. — Hauteur, 60 1/2 cent. — Longueur, 66 cent. 1/2.

HELST (Bartholomeus van der).

46. — Portrait d'homme.

Vêtu de noir, coiffé d'un chapeau noir — col plat. La tête est colorée, les cheveux roux, la moustache fine.

Bois. — Hauteur, 34 cent. — Longueur, 29 cent.

KEIJSER (Théodor de)

47. — Portrait de femme.

Dame blonde au teint plein de fraîcheur — vêtue de noir. Au cou, un grand col plat bordé de dentelle. Bracelet de perles au bras gauche; la main tient des gants. Fond gris neutre. Peinture puissante dans son petit format et d'une exquise qualité.

Bois. — Hauteur, 19 cent. — Longueur, 14 cent.

LARGILLIÈRE (Nicolas de).

48. — Portrait d'un peintre.

Tête fine, sous une perruque légèrement poudrée. Le cou nu. Rhingrave de velours rouge-brun ouverte sur la poitrine. Bout de manteau rejeté. L'artiste est assis devant une toile ébauchée.

Toile. — Hauteur, 47 cent. — Longueur, 37 cent.

LARGILLIÈRE (Nicolas de).

49. — Portrait d'homme à longue perruque — vêtu d'un habit d'un rouge assombri.

Toile. — Hauteur, 47 cent. — Longueur, 39 cent.

LAVREINCE (Nicolas).

50. — Dame galante.

Toile. — Hauteur, 31 cent. — Longueur, 24 cent.

LECLERC (Sébastien), dit des Gobelins.

51. — Conversation galante.

Deux jeunes gens, dans un parc, assis sur un banc, sont à deviser d'amour et s'égaient en fêtant Bacchus.

Toile. — Hauteur,   cent. — Longueur,   cent.

LOOTEN (Jean).

52. — Le Laboureur.

Au premier plan, une charrue attelée de deux bœufs. Semeur au bout du champ. Au fond, une ferme dans un bouquet d'arbres. Ciel nuageux avec éclaircies.

Signé.

Cuivre. — Hauteur, 40 cent. — Longueur, 48 cent.

MARILHAT (Prosper).

53. — Le Châtaignier.

Une berge élevée domine un cours d'eau. Un châtaignier aux rameaux compacts se détache sur un ciel bleu.

Toile. — Hauteur, 65 cent. — Longueur, 47 cent.

MEISSONIER.

54. — Portrait d'homme.

Vu de face, assis dans un fauteuil à dossier vert. Les mains reposées sur les bras du fauteuil. Vêtu d'une redingote noire. Élégante figure.

Ébauche signée des initiales.

Bois. — Hauteur, 23 cent. — Longueur, 15 cent.

MENGS (Raphael).

55. — Marquise espagnole en costume populaire de *Maja*.

Petit portrait en pied. Très-gracieuse femme, au teint rosé, aux lèvres souriantes, coiffée d'une résille et d'un toquet de velours (*calanes*). Robe de satin blanc avec ornements de soie noire. Une main gantée. L'autre main tient un masque pour exprimer l'idée de déguisement. Parc dans les environs de Madrid. Temple grec. Un ara, perché sur la balustrade de la terrasse. Gravé par Carmona, à Madrid.

Toile. — Hauteur, 69 cent. — Longueur, 50 cent.

METSU (Gabriel).

56. — Le Jeune Musicien.

Signé sur le cahier de musique.

Bois.

MIERIS (Guillaume van).

57. — Céphale et Procris.

Bois. — Hauteur, 29 cent. — Longueur, 31 cent.

MILLET (Jean-François).

(École française).

58. — La Résurrection.

Hauteur, 46 cent. — Longueur, 35 cent.

MOLENAER (Jean).

59. — Loth et ses Filles.

La grotte, dans laquelle sont les personnages, est ornée d'objets d'or et d'argent, bijoux et vases précieux. A gauche, un coin de Sodome incendiée.

Signé et daté.

Toile. — Hauteur, 108 cent. — Longueur, 141 cent.

MONTICELLI.

60. — Venise.

Sur une mer étincelante des derniers feux du soleil couchant passe une gondole remplie de musiciens.

Signé.

Bois. — Hauteur, 44 cent. — Longueur, 105 cent.

MURILLO (Esteban).

61. — Portrait de Don Miguel de Manara.

C'est le fondateur de l'hospice de la Charité, à Séville, et l'ami du peintre. Il fut renommé pour ses galanteries. La pierre tumulaire de cet homme au visage énergique s'exprime ainsi :

> Ici reposent les cendres et les os du pire homme
> Que l'on ait vu en ce monde.

Cadre ancien avec ornements d'argent et de cuivre.

Peint sur cuivre. — Hauteur, 8 cent. 1/2. — Longueur, 7 cent.

NETER (Laurence).

62. — Conversation galante.

Dialogue d'amoureux. Au premier plan, une dame à la robe noire sur une jupe pourpre, parée de dentelles, les cheveux bouclés à la La Vallière, offre un œillet à son galant. Celui-ci, vêtu d'un pourpoint

vert, de bas de soie avec bouffettes sur les chaussures, également paré
de dentelles, les cheveux frisés, une main caressant l'épaule de la
jeune femme assise, l'autre appuyée sur son feutre gris orné d'une
plume, semble demander mieux qu'une fleur. Au deuxième plan, le
duo recommence. L'amoureux, plus pressant, a obtenu un baiser. Il
est vêtu de gris, merveilleusement paré. Sa compagne porte une robe
jonquille et l'on voit passer le bout de sa pantoufle élégante. Cheminée
avec ornements de cuivre. Le feu flambe joyeusement. Table avec
tapis et accessoires rappelant les détails de Henri Pot dans le Charles Ier
du Louvre. Signé Laurence Neter, en caractères cursifs, et daté 1634.
Il faudra mettre sur ce nom nouveau bon nombre de Palamèdes. Voici
encore un merveilleux déshérité !

Bois. — Hauteur, 25 cent. — Longueur, 23 cent.

OSTADE (ADRIEN).

?

63. — Le Savetier (esquisse).

Bois. — Hauteur, 23 cent. — Longueur, 22 cent.

OSTADE (A.).

?

64. — La Querelle.

Deux hommes, deux buveurs, se sont pris corps à corps — grima-
çants, terribles. L'un frappe du poing ; l'autre a saisi son adversaire
aux jambes et cherche à le renverser. L'hôtesse se mêle à la querelle.
Un broc de bière en grès rouge vient de rouler sur le sol. Deux autres
combattants jouent du couteau.

Bois. — Hauteur, 20 cent. — Longueur, 27 cent.

OSTADE (Isaac).

65. — Opération chirurgicale.

Un homme au gilet bleu, nu-tête, assis sur un banc, offre sa jambe
nue à quelque chirurgien de village en train de l'opérer. L'opérateur
sourit au patient. Derrière eux, une commère montre quelque inquiétude. Sur le mur de fond est appliquée une gravure contenant deux
dessins anatomiques primitifs pour les études de notre docteur.

Ce tableau a été également attribué à Brawer.

Bois. — Hauteur, 17 cent. — Longueur, 13 cent.

OUDRY (Jean-Baptiste).

66. — Nature morte. Le Gigot.

Pièce de mouton pendue à la muraille. Sur une saillie formant table,
une bouteille à vin, une carafe à moitié vide, perdrix morte — et
citrous non entamés sur un plat de Chine. Peinture d'une grande
beauté. Signée à gauche.

Toile. — Hauteur, 98 cent. — Longueur, 74 cent.

P... ou B...

67. — Querelle de paysans.

Signé sur le banc, à droite, d'une signature illisible.

Bois. — Hauteur, 36 cent. — Longueur, 52 cent.

PICOT.

68. — L'Amour et Psyché.

Psyché dort encore. L'Amour se lève, écarte le rideau, va pour saisir son arc, ses flèches, son manteau, et regarde une dernière fois la ravissante dormeuse. Fond de temple grec, des collines éclairées, une chute d'eau. Aspect des premières lueurs matinales. Répétition du grand tableau.

Toile. — Hauteur, 41 cent. 1/2. Longueur, 50 cent. 1/2.

POEL (Egbert Van der).

69. — Les Forgerons.

Bois. — Hauteur, 28 cent. — Longueur, 26 cent.

PRUDHON (Pierre-Paul).

70. — La Justice poursuivant le crime.

Une des premières études de ce tableau célèbre. Signature abrégée du maître avec fragment de dédicace à une personne inconnue.

Toile. — Hauteur, 38 cent. — Longueur, 44 cent.

PRUDHON (PIERRE-PAUL).

71. — Le Christ en croix.

Première pensée du tableau du Louvre.

Peint sur ardoise. — Hauteur, 32 cent. — Longueur, 23 cent.

RECCO (le chevalier JOSEPH).

72. — Une Cuisine.

Sur une table, posée obliquement dans la toile, on distingue d'abord deux poules vivantes, l'une grise, l'autre noire, liées par les pattes. Des œufs sont groupés près d'elles. La poule grise vient d'en briser un qui s'est répandu tout entier. Autour d'un mortier, supportant un plat, est posée une tête de veau ; plus loin, de nombreux accessoires s'enlèvent sur le fond d'une nappe à franges, un grand vase en cuivre, etc. Tableau important de ce peintre qui fait songer à la fois à Ribera et à Velasquez.

Toile. — Hauteur, 120 cent. — Longueur, 164 cent.

REYNOLDS (JOSHUA).

73. — La Coupe de Benjamin ; les Frères de Joseph arrêtés.

L'officier de Pharaon, envoyé à leur poursuite, vient de les arrêter. Il porte le turban, une robe pourpre. Son cheval, ses dogues, ses serviteurs sont près de lui. Il tient à la main la coupe d'or retrouvée dans le sac de Benjamin. La scène se passe au pied d'un talus dominé par des ar-bustes. A gauche, une forteresse — manière de tour de Londres. Composition et couleur d'un puissant effet. En étudiant Rembrandt, le maître anglais s'est assimilé une partie de son génie.

Toile. — Hauteur, 98 cent. — Longueur, 126 cent.

ROBERT (Léopold).

74. — Saltarella.

Jeune italienne dansant devant le berceau de son enfant.

Signé et daté 1827.

Toile. — Hauteur, 46 cent. — Longueur, 38 cent.

ROUSSEAU (Théodore).

75. — Le Tronc d'arbre.

Couché à terre, sur un fond de gazon, le vieil arbre déraciné.

Toile. — Hauteur, 36 cent. — Longueur, 57 cent.

RUBIO (Perez).

76. — Une Après-midi chez la Duchesse.

La dame, assise dans la pose de Mme Récamier, écoute le poëte Moratin qui lui lit des vers. A droite, une amie de la duchesse, plus loin, un abbé. Fond d'appartement.

Signé.

Bois. — Hauteur, 20 cent. — Longueur, 26 cent.

RUBIO (Perez).

77. — La Duchesse d'Albe à la Florida.

La duchesse va remonter dans sa chaise. Les porteurs, en habit vert, et culotte courte, passent déjà les barres dans leurs anneaux. Pepe Hilo, le torero en réputation, vient d'ouvrir la porte ; il salue la duchesse en amoureux. Dans le fond, l'indication d'une fête populaire — une *romeria*.

Signé.

Bois. — Hauteur, 26. — Longueur, 39 cent.

RUBIO (Perez).

78. — Amoureux au Prado.

Tandis qu'un vieux gentilhomme, resté assis sur un banc, savoure une prise de tabac, un jeune homme baise la main de sa compagne. Dans le fond, groupe d'amoureux.

Signé.

Bois. — Hauteur, 20 cent. — Longueur, 26 cent.

RYCKAERT (David).

79. — Scène joyeuse dans un cabaret.

Au premier plan, un gros paysan à barbe grise conte fleurette à une respectable commère en petit bonnet, corsage jaune, babouches carminées et tablier blanc. Il réclame une main qu'on lui refuse. Sous une cheminée, homme debout et femme assise fumant sa pipe. A droite, l'hôtelier puise au tonneau. Il va remplir un broc d'étain. Un chien boit. A gauche, une table à demi couverte par un tapis et des débris de repas. Sous la table, des enfants jouent.

Bois. — Hauteur, 46 cent. — Longueur, 66 cent.

SCHALKEN (Godfried).

80. — La Charité romaine.

Jeune femme tenant un chandelier dans sa main droite. Elle vient d'entrer dans la prison et témoigne son inquiétude pour l'acte sublime qu'elle accomplit.

Bois. — Hauteur, 18 cent. — Longueur, 24 cent

STEEN (Jean).

81. — La nuit de Noël.

Vaste cuisine ouverte à droite, laissant voir un fond de maisons et le ciel argenté d'un rayon de lune. Plusieurs personnes sont réunies dans cette salle. Une matrone fait des crêpes. Le maître allume sa pipe. Des enfants, garçonnets, fillettes, rient ou soufflent sur les crêpes brûlantes. La servante sert la bière. Un serviteur tient une lanterne allumée.

Signé.

Toile. — Hauteur, 90 cent. — Longueur, 76 cent.

TASSAERT (Octave).

82. — La Vierge des affligés.

Agenouillée sur des nuages, Marie intercède. Des anges l'entourent et semblent présenter sa requête. La composition groupée à l'entour de la Vierge offre divers épisodes dramatiques : mères désespérées, infortunés sans pain, jeunes filles tentées ou séduites.

Toile. — Hauteur, 90 cent. — Longueur, 72 cent.

TENIERS (David).

83. — Tentation de saint Antoine.

Le vieillard agenouillé, autour de lui des personnages grotesques.
Le petit carnaval de la sorcellerie. Peint sur plaque d'argent.

Signé.

Hauteur. — 22 cent. — Longueur, 16 cent.

TENIERS (David).

84. — Le Singe à l'orange.

L'animal est seul ; il joue avec le fruit et le montre.

Toile. — Hauteur, 20 cent. 1/2. — Longueur, 16 cent.

TENIERS (David).

?

85. — Les Misères de la guerre.

Devant une ferme ombragée d'arbres, à l'entrée d'un village, des
soldats armés font des exécutions sommaires. Le capitaine qui les
commande, vêtu et coiffé de gris, la poitrine étoffée par une casaque
en peau, suivi de son chien, s'appuie sur sa longue canne. Un prêtre
est amené, rudoyé, puis des vieillards. Des femmes supplient. Un
homme se sauve, fusillé à bout portant. Cadavres étendus à terre. Un
vieillard agenouillé joint ses mains pour implorer un soldat. On déva-
lise une maison, on arrête une malheureuse femme. Variante de l'es-
tampe de la bibliothèque. Coin de paysage, une église, des gens qui
fuient. Ciel clair reflété dans un cours d'eau.

Toile. — Hauteur, 91 cent. — Longueur, 155 cent.

TROYON (Constant).

86. — Le Chasseur au furet.

Un braconnier vêtu d'une blouse bleue, coiffé d'un chapeau de paille, est arrêté sur une piste. Il va lancer son furet dans le terrier. Son chien est près de lui. L'homme écoute : il est inquiet, il vient d'entendre un pas, il s'est senti observé. Un gendarme, au lointain, fait sa ronde.

Bois. — Hauteur, 27 cent. — Longueur, 37 cent.

TROYON.

87. — La Chaumière.

Ferme ou chaumière derrière un grand rideau d'arbres; une mare où des bœufs, légèrement indiqués, viennent boire. Le soleil éclate sur ce riant paysage.

Toile. — Hauteur, 41 cent. — Longueur, 32 cent.

TROYON.

88. — Intérieur de forêt.

De grands arbres à l'automne; des broussailles, le désordre pittoresque des bois. Un paysan à la blouse bleue et un passant sont indiqués. Le ciel se montre par de rares éclaircies.

Signé.

Sur bois. — Hauteur, 59 cent. — Longueur, 41 cent.

WALSCAPÈLE (J. Van)

89. — Coin de Table de cuisine.

Hareng sur un plateau, déjà entamé, poireaux, grappe de raisins, noisettes; vase de cristal fermé, verre à boire, couteau au manche en onyx. Une étoffe rouge, jetée sur la table, fait valoir ces précieux objets.

Signé en toutes lettres.

Toile. — Hauteur, 49. — Longueur, 41 cent. 1/2.

VELAZQUEZ DE SILVA (Don Diego).

90. — Procession de la Vierge d'Atocha.

Elle est promenée dans l'église de ce nom, l'église favorite de Philippe IV et sa cour, desservie par les hyéronimites. Ceux-ci tiennent des cierges et précèdent, en chantant, la Vierge portée aussi sur leurs épaules, la Vierge infante, avec ses nœuds de rubans, sa couronne d'argent, sa robe, pesante et roide, dessinée comme une cloche. Un petit mendiant s'est agenouillé, nu-pieds, vêtu de loques. Derrière la Vierge, des seigneurs élèvent un dais et suivent. C'est le personnel familier au grand maître. Pour fond, l'église, un retable, une chaire drapée, une croix dans sa demi-housse de soie. Foule immense dans une petite étendue.

Toile. — Hauteur, 67 cent. — Longueur, 52 cent.

WYNANTS (Jan).

91. — Lisière de Bois.

Chemin qui conduit à des habitations dans une campagne boisée. Des plaines à droite, des collines d'un ton argenté. Grand ciel gris. Un voyageur se hâte; il va disparaître derrière des arbres. Une femme est sur la route.

Signé.

Bois. — Hauteur,   cent. — Longueur,   cent.

ECOLE ANGLAISE

92. — Le Berger.

Il conduit un troupeau. Derrière lui la lumière éclate répandue dans le grand ciel et lui fait une silhouette rayonnante. Collines d'un vert grisâtre, terminées par quelques silhouettes d'arbres qui se profilent sur le ciel.

93. — Les Bruyères.

Plaine nue — quelques bruyères au premier plan, et sur la gauche un groupe d'arbres. Ligne rapide d'horizon. Ciel puissant où le soleil couchant se voile déjà, derrière une guirlande de nuages, dont l'ombre se projette sur le deuxième plan du tableau.

94. — Intérieur de bois.

Un chemin dans la forêt — des mousses, des rochers — des hêtres —
une éclaircie de ciel bleuté. Au deuxième plan, le soleil se joue et
trace un vigoureux sillon de lumière. Note retentissante dans ces
gammes vertes et grises assourdies par l'ombre.

95. — La Chaumière.

Une côte de bruyères merveilleusement étudiée. Des terres dorées,
rugueuses. Une ferme ou chaumière s'enfonce dans le sol, continuée
par des prairies ombragées et fermées par une claire-voie. Deux petits
personnages. Ciel orageux.

INCONNU.

96. — Triptyque.

Au centre, la Vierge assise, drapée d'un manteau blanc sur une robe
verte à la bordure d'or. Elle tient l'enfant Jésus sur ses genoux et lui
sourit. Grande salle pavée de marbres de couleur. L'écusson du donataire. Sur les volets, quatre figures divisées par des ornements : sainte
Catherine, saint André, saint Jean, puis saint Hubert. C'est le donataire,
ainsi représenté, s'agenouillant devant le cerf de la légende chrétienne
apparu miraculeusement. Ouvrage dans un parfait et très-pur état de
conservatio . Ornements de l'époque.

Bois. — Hauteur, 61 cent. — Longueur, 85 cent.

ECOLE ITALIENNE.

97. — Jésus arrêté.

Dessin à la plume rehaussé et modelé de blanc.

Bois de cèdre. — Hauteur, 28 cent. — Longueur, 22 cent. 1/2.

ECOLE ITALIENNE.

98. — Scène mythologique.

Dessin à la plume rehaussé et modelé de blanc. Ce dessin et le suivant offrent diverses réminiscences de peintures et dessins de l'Ecole de Raphaël.

Bois de cèdre. — Hauteur, 28 cent. — Longueur, 22 cent. 1/2.

AQUARELLES

ET

SCULPTURES

M. Zacharie Astrûc expose à la fortune des enchères
publiques une partie importante des peintures tant
anciennes que modernes qu'il a su réunir depuis vingt
ans.

A cette collection formée par lui, non-seulement à
Paris, mais aussi au cours de ses fréquents voyages en
Angleterre et dans les Flandres, et pendant ses longs
séjours en Espagne, il a sur le conseil de ses amis joint,
pour les soumettre à l'appréciation des amateurs, un cer-
tain nombre de ses ouvrages personnels.

C'est qu'en effet, si M. Zacharie Astruc est un collec-
tionneur passionné, avant tout, il est artiste, il est statuaire et peintre.

Statuaire, on le voit, amoureux de la forme, traduire
la réalité avec l'ardeur naïve et la conscience obstinée
d'un préraphaélite et la poursuivre jusqu'en ses détails
les plus scrupuleux. Mais cette patiente et minutieuse
recherche de la forme est rehaussée par la destination
que l'artiste lui impose, par le rôle qu'il lui attribue. Le
réel n'est jamais en ses œuvres que le vêtement plastique
de l'idée, rien de plus que l'enveloppe modelée d'une

conception antérieure, tout intellectuelle, vraiment poétique, en même temps que d'une absolue originalité, rencontrée par une belle et féconde imagination sur les sommets de la pensée, loin, bien loin des sentiers battus par les semelles de plomb des routines pédagogiques, loin des pauvres olympes d'académie où les grands et nobles dieux du monde antique, les dieux d'Homère, de Platon, de l'empereur Julien servent, déshonorés, de misérables mannequins aux pauvres friperies de l'ignorance scolastique.

Je devais dire ces quelques mots du statuaire, de l'auteur du *Basile*, du *Moine en prière*, du *Vieillard lisant*; du *Barbey d'Aurevilly*, avant de parler du peintre. Et pourtant, il n'y aura point de sculptures de M. Astruc à l'exposition des 9 et 10 avril. Je regrette vivement de n'y pas voir, à cette exposition, quelques-unes de ces curieuses et hautes créations, le *Basile*, par exemple, cette précieuse figure, cette belle ironie littéraire qui, fondue en bronze avec son fond d'architecture si délicatement ouvragé, ferait une admirable porte de bibliothèque princière. Mais le plâtre n'a point cours à l'hôtel Drouot. D'autre part, épris des riches matières, le marbre, l'argent, l'émail, le bronze, le bois sculpté et peint, l'artiste jusqu'à présent s'est refusé à confier ses œuvres au feu du potier.

La terre cuite, qui est aujourd'hui la forme commerciale de l'art statuaire, contrarie, me semble-t-il, tous ses goûts d'immortelle élégance. Si par sa fidèle souplesse, en effet, la terre cuite suffit aux besoins des génies improvisateurs et fougueux, je comprends néanmoins que son opaque inertie et son essentielle fragilité ne satisfassent jamais les ambitions de durée et le désir de perfection qui sont le propre des génies patients.

A défaut de sculptures, M. Zacharie Astruc présente au public de l'hôtel Drouot un excellent choix de ses aquarelles.

Nos peintres, en général, considèrent l'aquarelle comme un simple moyen de notation facile et rapide; M. Astruc est de ceux qui la traitent, au contraire, avec la conscience et le sérieux d'un art qui peut tout dire, tout traduire, tout exprimer; qui de plus, grâce à la simplicité de ses éléments chimiques, échappe aux risques d'altération et de destruction dont toute peinture à l'huile est menacée.

Sous son pinceau hardi à la fois et scrupuleux, précis et large, puissant ou délié, tour à tour vigoureux ou léger, effleurant le grain du papier ou le pénétrant jusqu'en ses profondeurs, l'aquarelle prend une saveur exquise. Toujours conforme au sentiment des motifs adoptés par le peintre, le procédé varie à l'infini comme le font les motifs eux-mêmes. Cette attentive variété dans le mode d'exécution donne à chacune des œuvres de l'artiste un charme de nouveauté très-personnel et à l'ensemble une rare séduction. Elles peuvent se multiplier aux murs d'un même cabinet sans y apporter de monotonie; c'est une épreuve à laquelle résistent seuls les talents consciencieux, ennemis des banales habitudes de main, fuyant les habiletés faciles, ces dextérités singulières que le mot *chic* condamne en les qualifiant.

Dans cette grande diversité d'effets, on trouve cependant un caractère dominant d'unité par où l'œuvre de

Zacharie Astruc se signe au premier coup d'œil ; c'est une immédiate prise de possession du spectateur par l'originalité imprévue de la composition et la beauté de l'aspect décoratif.

Le pittoresque des villes du Nord avec leurs Hôtels de Ville flamboyants, leurs vieilles maisons aux façades sculptées, peintes, chargées d'emblèmes en haut relief, aux pignons étagés en escalier, avec leurs foules actives ; — le pays flamand doux et plat avec ses ciels mouillés où s'élancent les petits clochers aux fines arêtes, aux larges cadrans ; — les humbles villages et leurs estaminets et leurs pauvres cimetières (il en est un, à Laeken, où repose la cendre éteinte de cette flamme qui fut la Malibran) et leurs étangs, et leurs ruelles, et leurs coins de terre soigneusement cultivés par les hommes de la glèbe vêtus de vareuses rouges à l'ombre des toits de tuile rose ; — passant du Nord subitement au Midi, des Flandres en Espagne, l'ardente terrasse de Navahermosa brûlée de soleil et ce jardinier au terrible *facies* de Kabyle farouche et bronzé, à la veste fleurie d'une grenade ; — plus près de nous, le *Port d'Angers* et ses barques noires et son pont d'un gris si fin ; — dans le milieu même où nous vivons, ces claires vérandahs vitrées et leurs jeux d'enfants ; ces élégantes au bois ou à la fenêtre, saluant du sourire et de la main l'amie ou l'ami au passage ; ces jolies scènes d'intérieur d'un goût si raffiné, entrevues dans un reflet de glace, où prises au vif de l'intimité, comme la *Dame au chevalet*, la *Dame assise*, les *Jeunes anglaises essayant des parures chinoises*, le *Jeune homme au piano* ; — jusqu'à ces jolis jouets japonais qui nous sont devenus si familiers ; — et dans l'ordre de la composition absolue, ce *Square*, ce type charmant du jardin de Paris, avec ses grands feuillages exotiques acclimatés sous notre ciel, ses stèles élégantes, ses statues, ses horizons parisiens ; — dans le pur domaine de l'invention enfin, ce *Moine méditant* sur l'éternelle vie et la mort éternelle, celle-ci symbolisée par un crâne grimaçant au bout d'un bâton fiché en terre, celle-là par le renouveau de la nature verdoyante et fleurissante, parant de ses retours de séve la retraite de l'ermite : — il y a là vingt et quelques peintures de l'art le plus fin, le plus neuf, le plus séduisant pour l'esprit, le plus charmant pour le regard, avec des audaces et des imprévus de mise en scène, des perspectives plongeantes, des vues cavalières, avec des premiers plans joliment réalistes, piquants par l'observation, amusants de bonne humeur, cherchés dans le menu détail de la vie, de l'accessoire, un ruban, une fleur, une porcelaine, un châle, une pipe, un masque, partout une première note, la tonique, qui donne le branle et la mesure à l'harmonie joyeuse des colorations.

Est-ce là tout ? Non pas. — Sous deux formes différentes, M. Zacharie Astruc nous montre ici la célèbre statue de *Saint François d'Assise* par Alonzo Cano. La première est une magnifique aquarelle exécutée dans la sacristie de la cathédrale à Tolède, la seconde une reproduction identique à l'original, une sculpture en bois peint, réplique absolue du chef-d'œuvre si soigneusement conservé dans le trésor de la vieille ville catholique. L'œuvre que M. Astruc a si vaillamment conquise sur la discrétion jalouse du chapitre et que la maison Christofle a popularisée dans le monde de l'art est trop connue, trop recherchée des amateurs pour que nous ayons ici rien de plus à faire qu'à signaler la présence des rares épreuves en bois et de l'aquarelle primitive avec son fond authentique et superbe de soie brochée d'or.

De l'importante collection de tableaux anciens réunie par M. Astruc, je n'ai pas à parler, M. Lefort s'étant chargé de ce soin ; tout au plus pourrais-je dire que je l'ai vue se former jour par jour dans un sentiment d'art excellent et avec une rare fortune de rencontres heureuses.

Ce qui me touche peut-être davantage, c'est le destin réservé aux aquarelles que le peintre des milieux et de la vie modernes n'a pas craint de rapprocher des maîtres anciens. Il hésitait. Si quelqu'un a contribué à ce que l'artiste prît cette détermination, celui qui écrit ces lignes avoue l'avoir fait, et loin d'en décliner la responsabilité au point de vue du goût, il serait plutôt tenté d'en revendiquer sa part comme un honneur.

Ernest CHESNEAU

AQUARELLES ET SCULPTURES

99. — Saint François d'Assise.

Copié à Tolède d'après l'original d'Alonzo Cano.

100. — Le Village de Schæerbeck en mars.

101. — La Grande Place à Bruxelles.

Vue d'une fenêtre.

102. — Grandes Poupées blanches japonaises.

103. — Le Tombeau de la Malibran et vieille Eglise de Laeken.

Vus par une fenêtre.

104. — Poupées japonaises. (Jouets d'Isabelle.)

105. — Le Square.

106. — Le Jardinier de Navahermosa.

107. — Dame peintre à son chevalet.

108. — Le Port d'Angers.

109. — Chaumière flamande.

110. — Jeune homme au piano.

111. — Moine en méditation.

112. — Estaminet dans la campagne flamande.

113. — L'Etang d'Ixelles. (Bruxelles.)

114. — Dame parisienne au bois.

115. — Dames dans un Intérieur.

116. — Petite poseuse endormie dans un atelier.

117. — Dames bruxelloises saluant des Passants; Eglise de la Chapelle, au fond.

118. — Enfants dans une serre. (Scène flamande.)

119. — Poupées japonaises musiciennes. (Jouets d'Isabelle.)

120. — Les Présents chinois. Jeunes filles anglaises essayant des parures.

121. — Dame dans son Intérieur.

122. — Jeune Femme rêvant à sa fenêtre; Villa de Saint-Germain.

123. — Epreuve du saint François d'Assise.

SCULPTURES DIVERSES

CANO (ALONZO).

124. — Christ en croix.

Les gouttelettes de sang et les yeux émaillés. Croix de bois doré par
places, dans sa base ancienne en ébène. Œuvre de premier ordre.
Terre cuite.

CANO ALONZO).

125. — Saint Jérôme pénitent.

Cette figure est comme la traduction sculpturale, très-grandiose, du
saint Jérôme, peint par le maître au musée de Madrid. Terre cuite.

GERMAIN PILON.

126. — Jésus et les disciples d'Emmaüs.

Petit marbre, en bas-relief.

PRADIER.

127. — Médaille en cire du général Cavaignac.

AUTEURS INCONNUS

128. — La Vierge, Saint Jean et Jésus.

Bois peint, bas-relief. Attribué à Berruguete.

129. — Madeleine pénitente.

Cire italienne.

130. — Paysan espagnol dansant.

Statuette. — Bois, étoffes.

131. — Paysanne, sa compagne.

Statuette. — Bois, étoffes.

132. — Espada, attendant le Taureau.

Statuette. — Bois, étoffes.

MEUBLES

MEUBLES

BOIS SCULPTÉS

133. — Très-beau meuble hispano-mauresque d'aspec
monumental, garni de douze tiroirs, plus un autre s'ou--
vrant à un battant, orné sur la façade de colonnettes
torses rehaussées d'or. La partie basse forme commode à
trois tiroirs, décorés de losanges dorés.

134. — Cabinet de l'époque Louis XIII en écaille et
ébène, d'aspect monumental, orné de figurines, de galeries
surmontant le fronton et d'appliques de serrures en bronze
doré. Élevé sur une console.

135. — Meuble espagnol en ébène de forme cabinet
offrant douze tiroirs, surmonté d'un fronton à jour et orné
d'une glace. Les cache-serrures sont en bronze doré, et
il est élevé sur pieds tors.

136. — Cabinet de l'époque Louis XIII à deux battants
décorés de dessins à losanges et carrés en incrustations
d'ivoire. L'intérieur est à trente tiroirs marquetés d'ivoire
et d'écaille représentant des dragons. Élevé sur une table à
quatre pieds.

137. — Glace de toilette avec encadrement en velours orné de bronze ciselé et doré, entouré d'une guirlande de fleurs en porcelaine de Saxe.

138 — Grande glace avec beau cadre en bois sculpté et doré, à fronton représentant un vase de fleurs, époque Louis XIV.

139. — Crédence en chêne sculpté Louis XIII.

140. — Cabinet arabe en marqueterie d'ivoire et bois.

141. — Paravent chinois à six feuilles en peintures sur soie.

142. — Beau cadre de glace en bois sculpté et doré, travail espagnol du temps de Louis XIII.

143. — Petit cabinet arabe en bois sculpté et rehaussé d'or.

144. — Lutrin en fer forgé, pieds à dauphins. Il est surmonté d'un vase avec bouquets de fleurs.

TAPISSERIES — ÉTOFFES

145. — Tapisserie représentant une chasse au cerf, avec sa bordure seizième siècle.

146. — Tapisserie flamande représentant des soldats et des courtisanes.

147. — Couvre-lit en fil tissé couleur écru, travail curieux de l'Inde du seizième siècle.

FAIENCES — CUIVRES

148. — Trois vases en faïence espagnole, fabrique de Talavera de la Reyna; forme ventrue, à anses, décorés de scènes militaires et de sujets de sainteté.

149. — Deux belles lampes arabes élevées sur pieds en cuivre, l'une à huit lumières, l'autre à six, seizième siècle.

150. — Aiguière persane en cuivre gravé avec son bassin.

151. — Potiche en terre émaillée ornée d'oiseaux en relief, l'ouverture est fermée par une plaque en fer gravé s'ouvrant avec une serrure.

152. — Vase en faïence décor dit flambé, avec anses forme grenouilles.

153. — Grande vasque en faïence mauresque.

Paris. — Typ. A. Pougin, 13, quai Voltaire. — 11280

PARIS. — TYPOGRAPHIE A. POUGIN, 13, QUAI VOLTAIRE. — 11280

www.ingramcontent.com/pod-product-compliance
Ingram Content Group UK Ltd.
Pitfield, Milton Keynes, MK11 3LW, UK
UKHW020029100726
13658UKWH00003B/1206